AF245172

LE

NOUVEAU RÈGNE,

ET

L'ANCIEN MINISTÈRE.

IMPRIMERIE DE J. TASTU,

RUE DE VAUGIRARD, N° 36.

LE
NOUVEAU RÈGNE,

ET

L'ANCIEN MINISTÈRE,

PAR

N.-A. DE SALVANDY.

SECONDE ÉDITION.

PARIS.

BAUDOUIN FRÈRES, LIBRAIRES,
RUE DE VAUGIRARD, Nº 36.

1824.

LES premiers mots de Charles X, recueillant l'héritage des deux frères qu'il a perdus, ont été : « Maintenant je suis tout à ma douleur; plus » tard je serai tout à mes devoirs. » Les premiers mots de MONSIEUR, revenant de la terre d'exil, furent : « Union et oubli. » Heureux le prince dont tous les débuts sont de nobles et saintes promesses! Heureux le peuple dont le chef ne peut laisser tomber une parole de sa bouche sans appeler à soi la confiance et l'amour publics !

Nous aussi, nous Français, nous avons eu des premiers momens à consacrer à la douleur. Un Roi ne saurait mourir, sans que toutes les existences ne se sentent frappées par ce grand coup, comme l'État lui-même. Mais les bienfaits, qui descendent déjà du trône, nous avertissent que le Roi ne meurt pas en France, et que l'heure des devoirs est venue. Charles X remplit magnifiquement les siens. Essayons de nous acquitter des nôtres.

TABLE

DES MATIÈRES.

LE
NOUVEAU RÈGNE

ET

L'ANCIEN MINISTÈRE.

CHAPITRE PREMIER.

Débuts du nouveau règne.

Nous vivons entourés de merveilles. La France reprend, sous ses crêpes funèbres, une nouvelle vie. L'ivresse de l'espérance brille de toutes parts à travers le sentiment d'une grande calamité nationale. Quarante ans de discordes semblent effacés de nos souvenirs. Un avenir de paix, de prospérité, de gloire se révèle à tous les cœurs. Que s'est-il donc passé?

Un roi qui travailla, dix ans, à pacifier son peuple, descend dans la tombe sans avoir vu accompli ce grand ouvrage. Son sceptre est échu à un prince que des préventions environnaient d'une sorte de nuage menaçant. Il ne manquait pas de prophètes sinistres pour présager au nouveau règne des violences et des bouleversemens. Un triste parallèle, trop bien commencé par la Terreur, entretenait des alarmes jusque dans sa cour, et nourrissait peut-être plus loin des espérances subversives. On se rappelait que dans une contrée voisine, un roi tomba martyr des fureurs de l'anarchie. Un prince de sa race, miraculeusement rétabli sur le trône, sut y vivre et y mourir. Mais après lui vint un frère; ce frère....... La restauration ne semblait que viagère, tant que le nom des Stuarts ne pouvait être prononcé tout haut. Il 'e st maintenant. Ceux qui auraient, il y a peu de jours, signalé ce souvenir comme une insolente agression, l'invoquent les premiers comme le plus sûr complément de leurs hommages. Que s'est-il donc passé?

Rien qu'une chose : la barrière qui séparait Charles du trône, et pour ainsi dire de la France, est tombée; Charles s'est montré Français et roi.

Dans ce grand jour, presque tout ce qui a porté la parole au nom de notre patrie, s'est borné à de triviales protestations d'amour et de fidélité. On eût dit ces harangues monotones empruntées au trésor des adulations impériales, tant il était question d'obéissance et de gloire. Mais pour ce qui est des intérêts, des vœux, des sollicitudes, des franchises du pays, pas un mot. Le nom de notre pacte fondamental, immortel ouvrage du souverain qui n'est plus, se fait à peine une seule fois en-

tendre. La flatterie, par un raffinement tout nouveau, croit caresser le bienfaiteur et son héritier, en
mettant en oubli le bienfait. C'est tout simple : ces
interprètes de la France viennent, pour la plupart,
d'avoir à fléchir sous un système tellement inven-
tif, tellement difficile en fait de dépendance, qu'un
signe, une parole pouvaient précipiter du faîte des
honneurs administratifs ou judiciaires le magistrat
le plus respecté. Grâce à Dieu ! il se rencontre un
Français qui ne craint pas. Ce Français est le roi.
Il relève, par un mâle et noble langage, tout ce
qui s'agenouille. Il veut être fier de nous, et pro-
nonçant des mots frappés récemment d'anathême,
il promet de maintenir, de consolider, comme
monarque, la Charte qu'il jura de défendre comme
sujet. Il recommande aux magistrats cette impar-
tialité nécessaire à la justice autant que l'est à la vie
humaine l'air qu'on respire. Il promet aux cultes
dissidens une paix et une protection égales. Enfin,
il engage à tous les grands intérêts de l'État sa
parole, et la France repose en paix sur ce noble
garant : c'est une parole de chevalier, de Bourbon,
de roi.

Ainsi, à peine règne-t-il depuis quelques heures,
et déjà on peut croire l'abîme des révolutions fermé
sans retour. C'est pour le coup que la révolution
est vaincue, si l'on oublie ses torts; si ses bienfaits
nous restent ; et que la monarchie les revendique
comme son apanage. Dès-lors le vieil empire et le
nouveau se tiennent; un cri de vive Charles X !

suffit pour rapprocher les temps. La chaîne, plus forte que jamais, semble n'avoir pas été brisée un jour.

Chacun des momens qui s'écoulent, répond à ces commencemens. Quand les dissensions s'effaçaient dans l'État, on supposait encore troublée par d'anciennes dissensions la première des familles françaises. Des grâces inattendues attestent et raffermissent sa concorde. Un titre plus éminent va chercher dans sa retraite le dernier rejeton du grand Condé. Des liens nouveaux rapprochent du trône tous les fils de nos rois; politique magnanime, qui ne trahit que par des actes généreux tout ce qu'elle a d'habileté ! Le monarque croit à la puissance de l'amour public et à celle de l'honneur : il ne craint pas de montrer aux armées les branches les plus éloignées de sa maison. Enfin, Charles X est père, il songe à son fils; ou plutôt il est roi, il songe à la France, et le Dauphin prend place dans ses conseils. Ses premières paroles avaient garanti le passé : son premier acte répond de l'avenir.

L'instruction publique fut trop long-temps attaquée dans toutes ses sources; toutes les écoles s'étaient vues atteintes ou menacées, soit qu'elles offrissent le premier aliment à l'intelligence du peuple, ou donnassent aux classes élevées une culture plus solide, soit que l'art d'alléger les souffrances humaines y fût professé, ou que la jeunesse française y étudiât les lois. Une éclatante réparation console Grenoble et rassure tout l'empire.

La plus hardie des usurpations fut essayée sur un coin de la France; une ville qui, la première dans le midi, arbora le drapeau blanc, une ville que le duc d'Angoulême protégea, où siégea Bossuet, cette ville, qui s'était avisée de destiner aux honneurs de la députation un président de cour souveraine disgracié du ministère, cette ville est tenue en dehors de la Charte; mais Charles X entend que la Charte règne tout de bon : il lève l'interdit de Condom et d'Eauze. Cette fois, c'est le monarque qui paye à ses peuples le joyeux avénement.

C'est trop que la guerre d'Espagne ait commencé par l'effusion du sang français. Charles X ne veut pas qu'elle aille se conclure, après un an, sur les échafauds de Perpignan et de Toulouse : les Français de la rive gauche de la Bidassoa sont aussi ses enfans. Ils vivront pour bénir la main paternelle qui écarte le glaive de leurs têtes. Ainsi, la première semaine n'est pas achevée, et ce règne, qu'on disait gros de fautes et de malheurs, a déjà trouvé le temps d'être constitutionnel et généreux, juste et clément.

Charles X peut rentrer maintenant dans les murs de Paris. Comme Henri IV, il entre à cheval : c'est qu'il prend aussi possession d'une conquête; mais ce ne sont que douces et touchantes victoires. Une foule de mots heureux ont achevé de faire tomber les portes devant lui, en prouvant qu'attentif à tout concilier, il ne voyait dans les rangs divers que des

Français de plus. Ce prince a une vieille habitude de plaire ; il est en coquetterie avec la France : il en viendra à son honneur.

Une loi d'esclavage pesait sur nous. Exploitée par des mains inconnues ; animée d'un esprit qui semblait craindre la lumière du jour ; frappant dans l'ombre et frappant nos libertés, nos princes, nos victoires, la censure n'avait rien de français : c'était une sorte de tyrannie, honteuse d'elle — même et quelquefois en délire. Que penser du but de ses auteurs, quand le nom du Dauphin était mis à l'index, aussi bien que celui des libertés de l'église gallicane ; quand le *Mémorial catholique* pouvait attaquer la légitimité de Henri IV, et que le *Constitutionnel* ne pouvait pas la défendre ? On eût dit que Philippe II et les *Seize* tenaient les ciseaux. Le petit-fils de Henri n'aime pas les Seize ; l'héritier du roi législateur veut la Charte. Il abolit la censure. Ainsi un prince que l'émigration vit à sa tête, nous restitue des immunités que le vainqueur de Marengo brisa. Ce prince, qui a passé vingt-cinq ans loin de la terre natale, comprend, mieux que le fils tout-puissant de la révolution, son siècle et son pays ; ou plutôt, il ose davantage : Napoléon, au milieu de toutes ses prospérités, ne monta jamais si haut, qu'il crût sa couronne hors de la portée des exilés d'Hartwell. Leur image le poursuivait aux pieds de l'autel où il recevait les sermens de la fille des Césars, et jusque sous les voûtes du Kremlin. Il proscrivait la liberté, de peur qu'elle ne donnât des armes aux Bourbons : c'était la leur indiquer pour alliée. Aucun compétiteur ne menace Charles X ; il est *sans peur*, il sera *sans reproche*.

Qu'il paraisse au milieu de son peuple ! La reconnaissance nationale, en lui payant ses bienfaits, lui apprendra combien son autorité se fortifie de ses concessions. La joie publique l'accueille ; la joie publique se réfléchit dans ses traits. Son ame attendrie lui dit qu'*il n'a pas perdu sa journée.* Il sent qu'il n'est plus besoin de gardes entre nous et lui. Il court, de la voiture qui emporte les plus chères, les plus augustes destinées, aux rangs pressés de la foule, et voyant partout sa famille, il s'écrie : « Laissez avancer mon peuple. Point de hallebar- » des !.... » C'est à croire que l'on entend, que l'on revoit Henri IV.

Dès-lors, tout ce que nos armées comptèrent de vieux chefs, qui se croyaient obligés de cacher au fond d'indigentes retraites leurs lauriers méconnus, accourent pour contempler ce roi, tout Français comme son aïeul et comme leur épée. Le roi, en traversant son Louvre, aperçoit les représentans de notre gloire. Il s'arrête, se détourne, va droit à eux, s'enfonce dans leurs rangs, et distribue à chacun ces paroles qui disposent d'une vie. Les généraux de la grande armée ne serrèrent jamais, de si près, celui dont ils firent la grandeur. C'est tout au plus ainsi que le vainqueur de la Ligue aimait à se sentir pressé par les compagnons de ses travaux. Pourtant,

Charles X et ces braves n'ont pas blanchi sous le même étendard. Mais Charles X a oublié nos discordes ; il ne se rappelle que nos besoins et notre gloire. C'est vouloir réunir toutes les affections, tous les temps. Il pourrait rappeler des rives étrangères ces rares débris de nos vieilles bandes, que la tourmente des cent jours dispersa dans les Deux-Mondes. Nous n'avons plus qu'un drapeau. Tout ce qui porta l'épée n'aspirerait à la reprendre que pour défendre le trône protecteur d'où descendent vers nous la concorde et la liberté ! Le roi, c'est la France ; car c'est tout ce qui nous est cher, nos lois et nos foyers : c'est le roi.

Qui eût dit que le second règne de la restauration s'ouvrirait sous de tels auspices ! Ce n'est pas un calcul de flatterie qui nous porte à les retracer ; nous avons voulu entretenir nos concitoyens des devoirs que ces brillans débuts nous imposent envers le prince qui nous a permis tant d'espoir. Nous prenons acte aussi des engagemens contractés par la couronne. Si jamais des nuages venaient à troubler l'éclat d'un horizon si pur, nous oserions rappeler au monarque les beaux jours qui s'écoulent, et le monarque comprendrait que des conseils funestes ont dû égarer sa sagesse. Après une longue et décourageante révolution, ce ne sont jamais les peuples qui ont les premiers torts.

Certes, c'est quelque chose que de rendre heureux d'un mot trente millions d'hommes. Le cœur du chef de famille qui a une fois obtenu de tels succès, ne saura plus y renoncer. Si jamais il eut des préventions, et qui de nous n'en a pas eu? comment le concert de bénédictions que la consécration de nos franchises fait naître, ne les eût-il pas dissipées? En vain, des voix chagrines, des voix jalouses, lui recommandent, au nom d'affreux exemples, de craindre la popularité soudaine qui l'environne. La popularité qui achève les révolutions ne ressemble pas à celle qui les commence. La popularité n'est exigeante que chez les peuples jeunes et pauvres, point au sein de nations propriétaires et mûries. Sur les places publiques, elle peut être orageuse, redoutable même; celle qu'obtient Charles X s'exhale surtout autour du foyer domestique. C'est une popularité de salon, dont le reflet n'arrive aux chaumières, que parce que le peuple entend dire au-dessus de lui : « Le roi est bon, » juste, charmant. Le roi semble jaloux d'Henri IV.»

Ah! prince, ne les croyez pas, ceux qui veulent des nuages pour vous seul, quand, grâce à vous, il n'en est plus pour la France. Nul monarque sur la terre n'a un trône aussi solide que le vôtre; nul ne pourrait se dire comme vous : « Je n'ai pas un » ennemi dans mon royaume; car il n'y a pas un » mécontent. »

Pas un mécontent! c'est trop avancer. Nos libertés triomphent. Il y a donc quelque part des mécontens, puisqu'il y a des vaincus. Qui sont-ils?

CHAPITRE II.

Avantages du nouveau règne.

DE toutes les révolutions, il n'en est pas de plus difficile ni de plus nécessaire à consolider qu'une restauration. L'Angleterre appelle *glorieuse et sainte* l'année 1688. Cependant que de réactions et de combats ont depuis lors troublé ses prospérités ! le trône des Brunswick eut soixante-dix ans en perspective des échafauds. Combien la liberté anglaise n'eût-elle pas porté plus tôt ses fruits, si la vieille maison royale avait su marcher, de concert avec son peuple, vers ce désirable avenir !

Mais, pour que l'ancienne dynastie puisse serrer avec la nation nouvelle des nœuds durables, ce n'est pas assez qu'elle ait cet esprit de sagesse qui obéit à la voix des temps. Il faut qu'elle ait cette force qui rend la modération facile et y fait croire. Autrement, ses défiances provoquent de nouveaux malheurs. La première condition des trônes est la sécurité.

Sous ce rapport de grands événemens se sont accomplis en moins d'un mois, et il n'en est pas un qui n'ait tourné à l'avantage de la France, même la plus grande des afflictions nationales. Pour la première fois depuis cinquante ans, un roi s'éteignait parmi nous dans les bras de son peuple; et ce peuple qui, dans l'ancien régime, abandonnait ses princes à leur lit de mort, qui les laissait voyager seuls du Louvre ou de Versailles à Saint-Denis, qui se vengeait sur leurs cendres de sa longue dépendance, qui insultait dans ses Noëls aux affections royales dont la Providence venait de faire si terriblement justice; ce peuple, aujourd'hui moral et grave, a montré qu'il respectait, et la disgrâce, et la mort, et la royauté. Chez les nations libres, le sarcasme ne se joue qu'aux grandeurs qui sont debout. Jamais elles n'élèvent leurs plaintes contre les têtes couronnées, même quand Dieu a donné cette grande leçon de l'égalité de tous les hommes, à laquelle, en dépit des flatteurs, n'échappent pas les rois. Le successeur de Louis XVI est le premier de nos monarques qui ait fermé la paupière au milieu d'un deuil religieux, le premier qui soit demeuré roi jusque dans le cercueil. Ce changement est-il seulement l'ouvrage de ses vertus? non : c'est aussi le fruit de nos malheurs. Il atteste que l'expérience du passé n'est pas perdue. La révolution a fait beaucoup pour la monarchie, comme le ministère beaucoup pour la liberté.

Un règne commence : ce ne sera pas affliger la mémoire de ce roi qui semble pouvoir encore nous entendre, que de remarquer, dans la différence des situations, de nouveaux gages de splendeur pour un trône qu'il a fortifié de ses lois, doté de ses exemples. Louis XVIII n'a rien à craindre pour sa gloire ; elle a résisté aux deux plus dangereuses épreuves de toutes les renommées : il se montra grand dans l'exil et à son lit de mort.

La restauration qui remit en ses mains nos destinées, était fille de l'invasion, fille de nos revers. L'auteur de la Charte vint à nous au travers des camps ennemis. C'était pour nous réconcilier avec le monde ; mais l'injure de nos armes empêcha les cœurs ulcérés de discerner, au milieu de nos désastres, les bienfaits de l'auguste proscrit. Plus heureux, Charles X monte sur le trône, sans qu'aucune autre puissance que celle des lois, lui ait frayé la route. Si des généraux, si des soldats l'entourent, ce sont les nôtres : ils ont défendu, ils ont honoré notre patrie. Si des princes se montrent à ses côtés, eux aussi sont bien Français : à sa gauche est l'illustre volontaire de Jemmapes ; celui que nous contemplons à sa droite, s'appelait, il y a quelques jours, le duc d'Angoulême, il se nomme aujourd'hui le Dauphin : nous n'avons rien à redire à un pareil cortége. Le roi peut demander, comme au sacre de ses aïeux, si quelqu'un de nous proteste contre son avénement. Nous répondrons, sans craindre de nous attaquer à l'Europe, et nous répondrons pour le bénir. Ses décrets porteront une date dont nos enfans n'auront pas besoin de rechercher l'origine dans un amas de souvenirs confus ou sanglans. Quand on parlera de la première année de son règne, personne ne tournera les yeux vers la terre d'exil. Les vieux diront : C'est l'année où nous avons connu l'espérance ; et les jeunes : C'est l'année où nos acclamations firent un roi.

Obligé de tenir dans le respect et l'éloignement des prétentions redoutables, le règne sur lequel nous pleurons dut avoir pour premiers caractères la circonspection et la majesté. Des temps meilleurs sont venus. L'avénement de Charles X sera celui de la grâce et de la franchise. Ces dons heureux dans lesquels revit tout le charme des brillans souvenirs de François Ier, feront tourner au profit de l'avenir toutes les qualités, tous les défauts du caractère national. Il appartenait à une loyauté chevaleresque, à une bonté expansive d'achever l'œuvre de la sagesse dans ce pays où le sourire des rois fait des miracles.

Vers ces derniers temps, la France, suivant une belle expression de Bossuet, était, en quelque sorte, malade avec son roi. La royauté du moins semblait captive comme lui, dans les entraves, dans les infirmités de la vieillesse. Elle se montre maintenant vive et forte. Les vœux de l'opinion publique savent où porter. Il ne s'agit pas d'ébranler des consciences subalternes, d'armer les passions des partis. C'est l'esprit du chef de l'État qu'il faut avant tout convaincre ; c'est son ame qu'il faut émouvoir. En un mot, les regards ne s'arrêtent plus sur le ministère, la volonté souveraine s'est manifestée. Elle règne. Char-

les X reprend l'œuvre de Louis XIV à vingt ans.
Il relève la royauté.

Deux bonnes choses se passent en même temps.
Nous voyons s'évanouir le fantôme du gouvernement occulte, et nous cessons de craindre que la
puissance royale ne s'égare dans les canaux divers
par lesquels il fallait qu'elle passât pour arriver
jusqu'à nous. Charles possède des liens qui suffiront
aux besoins de son cœur : accessible à tous, il n'aura
pourtant d'autre dépositaire de ses pensées que
l'ami que lui donna la nature, celui que recommandent à sa confiance, d'une commune voix, et la France
et la gloire. Ainsi nous sommes sûrs d'avoir un roi,
de n'en avoir qu'un, et de le posséder tout entier.

Jamais l'obéissance ne coûta moins à la fierté
d'une nation, ni le respect à sa franchise. Les
hommages dus au rang suprême peuvent se confondre dans les sentimens que méritent les personnes. La cour présente un rare caractère de
piété sincère sans rigueur, de dignité sans faste,
de popularité sans abaissement. Charles X est le
premier de nos rois qui allie la gravité des mœurs au
don de plaire, ainsi qu'il joint l'autorité des années à
l'élégance d'un autre âge. Près de lui se presse un
couple auguste, heureux assemblage des plus hautes
vertus. C'est un beau spectacle que celui de ce
dauphin se plaçant comme un médiateur équitable
entre le présent et le passé, entre le trône et
le pays, ami des lois, sourd aux cris des factions,
n'accueillant que ceux des victimes ; affligé,

jusque sous des arcs de triomphe, de succès que
regrettera l'humanité, le rempart enfin des vainqueurs et le refuge des vaincus; c'était une chose
nouvelle qu'un prince dont la conscience fût le
génie. Ce génie est celui qui fait l'orgueil d'un père
et assure la félicité des peuples. La fille de Marie-
Thérèse, en parlant de conciliation à nos provinces, en prouvant que nos institutions lui étaient
chères comme la gloire d'un époux, s'est asso-
ciée aux titres qu'il possède à l'amour des Français :
elle ne saurait en avoir davantage à leur respect.
Pour que rien ne manque au simple éclat du Louvre,
les peuples y voient briller, à côté de ces grands
caractères, les dons heureux de la jeunesse, et jusqu'aux grâces de l'enfance ; mais l'enfance, mais
la jeunesse y conservent l'intérêt d'une haute
infortune. Ces Bourbons, au sein d'immenses prospérités, unissent encore, pour mieux régner sur
la France, la consécration du malheur à celle
de la vertu.

Certes, ce sont là des biens. Il importait de les
signaler. Jamais la fortune de la monarchie ne fit
autant pour le Louvre ; ses vieilles murailles ren-
ferment une dynastie pleine d'avenir comme de
passé, chérie autant que respectée, également
tranquille au dedans et au dehors. Les fautes du
pouvoir royal seraient sans excuses ; il a tout ce
qu'il faut pour être habile et généreux : car il est
fort.

Des Tuileries, reportons nos regards sur la

France. Là, nous verrons aussi partout des motifs
de satisfaction et de sécurité. Il n'est pas un
homme, artisan, noble, ou prince, qui pût, en
conscience, regretter de n'être pas né dans un
autre temps, ou dans une autre contrée. Toutes les
professions sont respectées et libres ; tous les talens
sont en honneur, hormis dans les bureaux du ministère. Même alors que toutes nos institutions
étaient menacées ou corrompues, la liberté per-
sonnelle, le champ, le comptoir, n'ont pas
souffert d'atteinte. Le plus grand mal que l'autorité puisse faire à ses ennemis, est de les aban-
donner aux douceurs du ménage et aux jouissances
d'un monde, le plus instruit, le plus élevé, le plus
moral qui fût jamais. Notre état social approche
enfin de la perfection. Qu'on ne se hâte point de
tourner nos paroles contre les accusations que
nous avons portées ailleurs. Il y aurait de la fatuité
à prétendre qu'on aurait pu, en quelques mois, détruire l'œuvre de dix siècles de progrès et de quarante ans d'efforts. Le tenter était beaucoup : que
cette gloire suffise.

L'unique malheur de notre position est que tant
de biens manquent de sauve-gardes. L'ordre politique est loin d'être aussi bon que l'ordre social.
Mais prenons patience ; le temps est le plus habile
des législateurs, et c'est malheureusement celui
dont nous avons le plus méconnu l'empire. Il n'est
pas dans la nature des factions d'attendre son arbi-
trage ; car, presque toujours, il condamne leurs pas-

sions et leurs excès ; il ne respecte que leurs droits : et ce n'est pas ce qu'elles ont de plus cher.

Sous ce nouveau rapport, nous avons fait aussi des progrès immenses. Les excès s'oublient ; les passions s'apaisent, et la lassitude publique n'a pas seule enfanté ce grand résultat. Il a de plus nobles causes.

Depuis dix ans, nous habitons sous la même tente. Nous avons appris à nous connaître. Les hommes de Coblentz ont été mis en possession du pouvoir ; l'habitude des affaires les a subitement modifiés en même temps que satisfaits ; rien ne tempère comme des dossiers.

Les hommes de la révolution et de l'empire avaient aussi des préjugés anciens ; la modération de Louis XVIII a tout fait pour les vaincre. Charles X complète ce triomphe. Ce fut là l'une des plus terribles conséquences des cent jours, qu'ils ravivèrent la question des personnes en étouffant celle des intérêts et des principes. Au lieu d'être scindés en amis de la Charte ou en antagonistes du régime des lois, on sembla l'être en défenseurs et en ennemis de la maison royale. Un trop petit nombre d'adversaires du 20 mars ne craignirent pas de se montrer fidèles à la Charte, après l'avoir été à son auteur. Le temps, ce grand maître dans l'art de guérir les plaies des États, est venu à notre secours. Il a fondu les nuances, éloigné les souvenirs, mieux classé les hommes.

. Le ministère seconda puissamment ces change-
mens progressifs, en démontrant à tout le monde,
par ses fautes, deux choses : la force de la dynastie et le mérite des institutions libres. Charles X
fait mieux encore; il embrasse avec son fils la
cause de nos libertés. C'est leur donner la sanc-
tion de l'avenir. En même temps il ouvre ses
bras à tous ses sujets, et tous s'y sont précipités.
Une opposition opiniâtre au pouvoir suprême
n'est pas dans le caractère français. Cet avénement est une bonne fortune dont tout ce qui se
tenait à l'écart par amour-propre, par humeur,
par habitude, profite pour apporter sa part au
tribut de la soumission publique. Ainsi, les Bourbons et le gouvernement représentatif, ces deux
grands principes de notre existence politique, dont
l'alliance pouvait seule mettre les destinées de
tous à l'abri de vicissitudes nouvelles, sont désormais en dehors de toute question, au-dessus de
toute atteinte.

On a fait bruit, comme d'un complot tout entier,
d'un vœu émis, on ne sait où, pour le rappel des
bannis. Ce vœu put être hostile autrefois; il
ne l'est plus, parce que rien ne saurait l'être.
Qu'ils rentrent, grand Dieu ! ceux par qui,
Louis XVI, vertueux et roi, fut envoyé à la
mort ! qu'ils cessent d'errer, loin de nos fron-
tières, pour entretenir l'Europe de nos malheurs
et de nos crimes, quand les Bourbons ne se sou-
viennent plus des crimes, ni la France des mal-

heurs! Que verraient-ils parmi nous? La monarchie plus près de la liberté que la Convention ; Charles X reprenant l'œuvre de Louis XVI, comme si le régicide ne l'avait pas interrompue ; la France enfin glorieuse, paisible, royaliste. Ah ! ce spectacle frapperait leur ame plus que les douleurs de l'exil, et le frère, l'exécuteur testamentaire de Louis, imiterait la miséricorde divine, aux yeux de laquelle il n'est pas de vie si coupable que ne l'expie un jour de repentir.

Ce qui reste de nos débats, se réduit à fort peu de chose ; d'accord sur les personnes et sur les formes, nous n'avons plus qu'à reconnaître les intérêts légitimes des anciens partis et à les consacrer.

Presque toutes les prétentions du côté droit sont satisfaites : il voulait un régime monarchique, nous le possédons ; des rois amis, ils règnent ; une cour ouverte aux ambitions aristocratiques, elle existe ; la religion honorée comme gage de la stabilité publique, la religion est en honneur. Les efforts d'une société inquiète et avide ne réussissent pas à ébranler la foi des peuples : le sacerdoce est déjà assez fort pour commettre des fautes, et la nation assez religieuse pour ne pas confondre les erreurs du lévite avec ce culte saint qui repose tout entier sur la crainte de Dieu et l'amour des hommes. Ainsi, quand le fils aîné de l'Église, le roi qui s'est tant occupé de cette mère commune, a quitté pour jamais la demeure où il médita ses pieux décrets, sans qu'une croix accompagnât sa marche dernière, personne n'a accusé l'autel de cette ingratitude superbe ; seulement, le roi aura pensé qu'il y aurait péril à dépouiller la couronne en faveur des interprètes de la loi divine, puisqu'eux aussi sont accessibles aux faiblesses humaines ; et le peuple s'est consolé de cet abandon, en voyant marcher près du catafalque royal l'épée du Dauphin : c'est la croix de Bayard.

Le côté droit ne revendique plus qu'une grande réparation : et personne ne la lui contestera sous un règne qui doit tout réparer, tout affermir. Grâce à la division des propriétés et du travail ; à l'égalité des richesses et des lumières ; aux deux grands bienfaits de la restauration, la paix et la liberté, la France a fait fortune : elle ne demande pas mieux que de partager ses biens avec ceux qui lui en ont si long-temps disputé la conquête. L'émigré peut faire valoir un grand titre : il eut à sa tête le législateur qui abolit, en traçant la Charte, l'affreux principe de la confiscation.

Quant à la France nouvelle, maintenant que le code politique de la monarchie a de l'avenir, elle ne réclame que la possession tranquille, le développement protégé de ses richesses ; elle ne veut que des lois qui, en donnant au présent une garantie, *consolident le grand acte* sur lequel sa prospérité repose. Le roi les a promises : c'est déjà les avoir.

Renfermées dans un tel cercle, nos discussion_s

n'en sortiront plus. Les hommes qui professent des doctrines aristocratiques essaieront de les faire prévaloir dans l'établissement de nos institutions secondaires. C'est tout simple. Ils trouveront des adversaires qui plaideront la cause des droits de tous. La couronne interviendra, avec l'autorité d'un arbitre suprême, pour prononcer sur ces grands démêlés. Désintéressée dans le débat, elle y apportera le langage de la modération et de la justice. Les hommes sages feront presque toujours d'avance cause commune avec elle; il y aura bien quelques théories froissées, quelques vœux méconnus; mais la paix n'en sera pas troublée, et de transaction en transaction, de progrès en progrès, nous arriverons à faire de notre France, heureuse et libre sous le sceptre paternel de ses rois, l'orgueil, le modèle des nations.

Ces douces destinées se présentent si bien à tous les esprits, qu'il y a dans les opinions un rapprochement unanime. Les partis ont cessé de se combattre aussi bien que de se redouter. Le langage de leurs publicistes, celui de leurs feuilles publiques a cessé d'être réciproquement amer. Tous élèvent un commun concert de bénédictions vers le trône. Par quel bizarre phénomène se trouve-t-il que les défenseurs du pouvoir restent seuls en dehors de ce mouvement général de réconciliation et d'allégresse? Pourquoi contestent-ils au roi la douceur de partager la joie qu'il inspire? Pourquoi lui dénoncent-ils l'universelle reconnaissance comme une imposture (1), le contentement public comme un piége, le rapprochement des partis comme un complot qu'on ne peut assez tôt étouffer? D'où vient qu'ils pressent toutes les paroles pour en faire jaillir l'hostilité; qu'ils remuent tous les souvenirs pour y trouver de quoi aigrir l'ame royale, d'où s'échappent sans cesse les mots d'union et d'oubli?

Ils disent qu'ils aiment les libertés françaises, et ils regrettent la censure; ils disent qu'ils aiment l'autorité souveraine, et ils demandent à grands cris des discordes; ils disent qu'ils aiment le roi, et des assertions, démenties par l'évidence, leur coûtent peu pour attirer à d'autres qu'à lui l'honneur de ses bienfaits. On les voit avec surprise, tantôt célébrer la sagesse des potentats qui étouffent la pensée humaine, tantôt gourmander l'imprudence de ceux qui, assez forts pour se faire craindre, ne craignent pas de se faire aimer; et, quand il faut que leurs attaques s'arrrêtent enfin, ils dépouillent, faute de mieux, le Béarnais de ses vertus.... On s'aperçoit que le nom de Charles X était destiné à porter malheur à Henri IV.

L'opinion, surprise et troublée, se demande quel intérêt les anime contre la joie publique; ce

____

(1) S'il est des journaux qui ne soient pas sincères dans leur admiration pour Charles X, d'où vient qu'ils sont empressés à recueillir ses moindres actions et ses moindres paroles? Les maladroits conspirateurs, s'ils conspirent à autre chose qu'à le faire révérer et chérir!

ne peut être celui du prince, puisqu'ils s'alarment de sa gloire et de notre amour; ni celui de la France, puisqu'ils redemandent des classifications, des haines, des fureurs.

Tous les regards se portent sur le ministère; car ce sont ses flatteurs qui tiennent ce déplorable langage; il ne fait rien pour les démentir, et dès-lors, où est le miracle, si toutes les voix indépendantes s'écrient à la fois : Il y a désaccord entre tous les sentimens, tous les principes, tous les vœux de l'administration et des sujets. Qui le roi répudiera-t-il, d'une administration inquiète et jalouse, à laquelle il est étranger, ou de cette France qui le chérit et l'admire?

CHAPITRE III.

Difficultés du nouveau règne.

Dans la situation brillante que nous avons retracée, la couronne n'a que deux embarras sérieux; elle-même doit le sentir : ce sont l'Espagne et le ministère.

La première question se lie, sous beaucoup de rapports, à la seconde. Il n'y en a donc qu'une à résoudre; et celle-là, pour le repos du Roi et de la France, n'aurait peut-être pas dû être soulevée. Si elle l'a été, à qui la faute?

Notre opinion sur le ministère est connue. Nous l'avons écrite. Après avoir contemplé dans une muette douleur, durant trois années, les développemens de sa politique, nous avons tout-à-coup rompu le silence, le jour où, pour se défendre d'un seul adversaire, il recourut à la subversion des premiers principes du gouvernement représentatif. Nous oserions nous faire un argument contre lui du sentiment qui entraîna notre plume. Un pouvoir est à plaindre d'avoir, un seul jour, suscité l'indignation d'un honnête homme.

Mais tout est changé : le vieux ministère n'est

plus. Le nouveau, il n'y en a pas. Les secrétaires
d'État ne sont aujourd'hui que les premiers commis
de la Couronne. Le Roi veut le bien. Le bien sera
fait. Qu'importent les mains par lesquelles il doit
être accompli ?

Sans doute, les existences menacées, les droits
méconnus, les susceptibilités de l'honneur national
blessées, la Charte envahie, la magistrature outragée
dix fois et enfin calomniée par ordonnance, la
royauté compromise ; tous ces torts des derniers
temps fournissent des textes d'accusation trop graves. Mais le souvenir des agressions devrait-il
durer encore, quand le péril est passé? deux oppo-
sitions françaises, ou plutôt la France même, puis-
que toutes les voix libres s'accordent dans le même
vœu, devraient-elles solliciter avec une ardeur égale
la réparation de leurs injures ? Chaque jour les
interprètes du ministère sollicitent en sa faveur la
loi commune de grâce et d'oubli. Il eût été beau
de montrer que la France savait pardonner, aussi
bien que ses rois.

Du moins, si la confiance publique était gênée
de les rencontrer sur les avenues du trône, ces
premiers momens devaient être consacrés sans partage à la douleur et à la joie. Il fallait laisser en
paix le nouveau monarque s'occuper de récom-
penser ses serviteurs fidèles. d'amnistier des sujets coupables, de dissiper, dans la douceur de
verser des biens, l'amertume des impressions que
son cœur fraternel avait souffertes. Il était facile

de comprendre que prononcer des disgrâces serait la dernière chose à laquelle pût songer Charles X. L'intérêt de ses peuples même exigeait que sa main recueillît les rênes par degrés, que sa sagesse pesât long-temps la nécessité de recourir à de nouveaux choix. Attendre avec respect ses volontés était une bonne et pieuse manière de payer ses bienfaits. Mais aussi qui a provoqué le combat en paraissant trouver sa défaite dans le bonheur public? Qui a eu l'air de prendre nos prospérités pour ses griefs, nos réconciliations pour ses périls? Qui enfin, oubliant que calculer tout haut les chances de sa chute, c'est la précipiter, a éveillé, par son empressement à crier merci, toutes les espérances? Le public ne demandait pas mieux que de juger, d'après ses dispositions, celles du trône. Il a cru sur parole les angoisses du ministère; et grossie ainsi par ceux-là même qui avaient le plus intérêt à l'étouffer, une rumeur qu'il eût été facile d'abord de laisser se perdre parmi les accens de l'ivresse nationale, est devenue assez puissante pour troubler peut-être les hautes méditations et les jouissances paternelles de Charles X.

Que le roi pardonne : ces conjectures naissaient du respect même, et de l'amour qu'il commande. Tout le monde comparait quinze jours de ses paroles et de ses actes à trois ans des actes personnels, des discours du ministère, et prenant pour une incompatibilité chaque différence, on a pu croire trop promptement au divorce.

Certainement, il y aurait folie à vouloir que le caractère du monarque fût celui des dépositaires de son autorité. Mais on ne peut nier qu'il n'y ait des contrastes qui rendent le bien inexécutable. Si Mazarin eût vécu, nous n'aurions pas eu de, Louis XIV. Le jour seulement où tomba l'astucieux ministre, le grand roi parut.

Charles X a quelque chose de chevaleresque qui enchante les cœurs français : la modération, cette puissance à laquelle seule Dieu a donné de régir, sûrement les États, semble inspirer elle-même toutes ses paroles. La politique ministérielle, au contraire, se reconnaît surtout à ces deux signes, qu'elle est artificieuse et passionnée. Qu'une difficulté se présente : elle pratiquera mille chemins couverts pour la tourner. Le roi n'en connaîtra qu'un : il ira tout droit en avant. Comment fera-t-on pour, le suivre ?

Les grandes accusations de M. de Châteaubriant n'ont pas laissé que de trouver créance. Le noble pair avait vu les choses de près : le pays a supposé qu'il avait bien vu, et dès-lors comment comprendre que ceux dont le système n'aurait été que *corruption* et *mensonge*, pussent seconder l'honneur même dans ses nobles travaux ?

Nous accorderons que la prévention ait trop accrédité ces reproches sanglans. Mais enfin elle règne du Rhin aux Pyrénées. Elle attriste les villes, elle gronde dans les châteaux. Tout ce qu'il y a d'écrits, de relations, de gazettes que le ministère n'ait pas payés, l'alimentent et la ravivent. Les griefs de toutes les localités la fortifient. Ne doit-il pas craindre qu'elle ne crée, à lui des entraves, au roi des soucis et des difficultés, en brisant, dans l'un de ses plus importans anneaux, cette chaîne de confiance et d'estime qui, pour assurer l'harmonie des pouvoirs et l'obéissance des peuples, devrait descendre, sans interruption, depuis le haut du trône jusqu'aux derniers degrés de l'ordre politique !

En présence d'un ministère que d'illustres écrivains, que des orateurs respectés, n'ont pas seulement attaqué au nom des intérêts généraux ou des lois écrites, mais flétri au nom du premier des intérêts, de la première des lois, au nom de la morale, comment ne s'établirait-il pas un vide déplorable entre le chef auguste de l'État et ses peuples ? Heureusement, la puissance ministérielle, qui forme ce triste nuage, se perd dans les rayons de la majesté suprême. Charles X vient à nous, et ce n'est pas assez pour sa bonté : il interpose, afin de remplacer l'anneau dissous, son vertueux fils entre la France et lui.

Mais les amis du roi et du pays, ceux qui voudraient que le pays fût sans sujet de plainte, et le roi sans sujet de sollicitude, ne peuvent regretter assez que le ministère ne paraisse se croire en butte qu'à des hostilités : son malheur est plus grand, et il ne fait rien pour essayer de rétablir sa renommée. Il souffre que ses apologistes, pensant le

justifier des reproches adressés du haut du trône
à l'ordre judiciaire, nous disent simplement que
ces reproches étaient des prétextes vains, en d'autres termes, des impostures qu'on autorisait du
nom d'un roi mourant. L'imposture, la royauté,
la mort, grand Dieu! quelle association? Est-ce
assez de blasphèmes? et les mêmes plumes les re-
tracent froidement tous les jours! Tous les jours
encore, on donne le spectacle de publicistes qui fei-
gnent des couleurs diverses pour envoyer à quelques
hommes, du milieu de rangs contraires, l'encens
qu'une même main soudoie, sorte de gladiateurs
mensongers dont les faux combats ne seraient qu'une
jonglerie misérable, si, en jouant de mutuelles fureurs, ils n'essayaient de rouvrir des blessures sé-
rieuses, au sein de la France qui les contemple!
Faut-il s'étonner que cette France qui voit de telles
choses et connaît Charles X, ait cru la fin de ces
scandales liée à l'avénement d'un prince, l'héritier
du sceptre comme de la loyauté de ce roi Jean,
qui disait que « si la bonne foi était bannie de la
» terre, elle se réfugierait dans le cœur des rois? »

Nous en avons dit assez, pour expliquer comment, loin de vouloir importuner d'un vœu indis-
cret la majesté souveraine, on ne pensait faire
autre chose que célébrer un bienfait de plus. Les
peuples livrés à l'impatience de leurs pensées ne
pressentent jamais cette prudente lenteur de la
royauté, qui prend son temps pour délibérer et
pour agir.

Maintenant que cette question s'est trouvée hautement débattue, il importe qu'elle soit au plutôt épuisée. Sa solution intéresse le roi plus que la France ; car le repos de la France tient à Charles X : rien ne l'ébranlera. Le repos du roi est attaché au conflit qui nous occupe. La destinée du ministère a provoqué les premières sollicitudes du nouveau règne : pussent-elles être les dernières !

Sous ce rapport, des considérations graves nous ont frappés ; nous osons les soumettre aux ministres mêmes. C'est à eux seuls que nos observations s'adressent ; c'est à leur esprit que nous voudrions porter la conviction profonde où nous sommes, que, dans les circonstances qui les environnent, ils n'ont qu'une manière de servir leur roi et leur patrie. Un honorable sacrifice coûterait-il à leur fidélité ? nous ne voulons pas le croire. Un commis se cramponne à sa place, à ses salaires. Que l'ambition de l'homme d'État porte plus haut ! qu'il songe à ses sermens, à son pays, à sa renommée.

Le ministère, assailli de toutes parts, ne trouve rien de mieux à opposer à ses accusateurs que cette haine même des partis contraires. On comprend un pouvoir fier des assauts répétés que lui livrent les factions, quand il s'est placé entre elles comme un roc qu'elles battent en vain de leurs flots. Mais l'administration s'est vantée d'être *partiale*, et c'est le seul engagement qu'elle ait tenu.

D'ailleurs est-ce bien de la haine qu'elle inspire? Non, ce n'est pas de la haine. Le moyen de haïr ceux qui ont pu dire à l'opposition constitutionnelle qu'elle les *dégoûtait*, et à l'ancienne aristocratie française : *Allez donc, bonnes gens, vous ne croyez pas ce que vous dites !* Quel langage! La France est-elle bien coupable d'avoir auguré que de tels hommes d'Etat ne lui parleraient pas long-temps au nom de Charles X ?

Le ministère est repoussé de tous les partis parce qu'il les a tous blessés. Il a révolté les sentimens du côté droit et menacé les intérêts du côté gauche. Nous ne parlons pas des centres : il les a détruits.

Le parti aristocratique peut être animé, dans une certaine sphère, par des ambitions personnelles, par d'avides rivalités. Mais tout ce qui le compose en France n'a qu'une manière de juger les conseillers du trône, et, satisfaite dans presque toutes ses prétentions ou prête à l'être, cette opposition n'en veut qu'aux personnes. Il est des noms qui font bouillir son sang. Elle a vu des choses qui, pour emprunter l'expression ministérielle, lui ont causé un *dégoût* profond. Quelques hommes de moins, et elle sera tout entière dissoute. Il ne restera plus en dehors de l'autorité royale que cette société mystérieuse contre laquelle les peuples et les rois ont de bonnes raisons pour marcher d'accord.

Quant à la France constitutionnelle, qui a craint long-temps pour ses conquêtes et pour ses

garanties, elle ne fait point de ce débat une question de noms propres ; elle demande avant tout un
système de modération et de légalité. Mais, malgré
elle-même, elle sera plus exigeante, plus ombra-
geuse, plus difficile à manier, sous des guides qui
ne surent que vexer et sévir.

Des ministres nouveaux, fussent-ils ses plus
opiniâtres adversaires, provoqueraient dans ses
rangs moins d'alarmes. Elle supposerait que, satisfaits d'avoir obtenu le pouvoir, ils trouveraient,
dans les jouissances du triomphe, des sources de
sentimens meilleurs. Par-dessus tout, elle espérerait
que, soumis à l'impulsion donnée par la sagesse
royale, ils seconderaient les généreux penchans de
Charles X, sans résistance, sans arrière-pensée.
Elle croirait à leur parole, et, dût-elle murmurer
aussi contre leurs projets, contre leur partialité,
elle n'aurait du moins à condamner que le présent ;
elle serait vaincue, non pas tourmentée, flétrie, dé-
çue, outragée ; elle pourrait estimer ses oppresseurs.

C'est en politique une chose excellente que les
antécédens, quand ce n'est pas la pire de toutes.
Renonçons, pour un moment, à juger ceux du ministère. Il nous accordera que beaucoup de mé-
contentemens s'y rattachent. Au nom du roi et de
la France, nous osons le lui demander : à quoi
bon embarrasser une ère nouvelle, de haines, de
préventions, de difficultés, inutile et triste héritage de temps qui ne sont plus ?

Un seul exemple : le Dauphin est placé trop haut

pour avoir aperçu les attaques de ceux qui persécutèrent sa modestie de triomphes importuns, ravirent à sa bonté le plaisir de décerner les palmes de la victoire, usèrent de la censure pour exiler au fond de nos cœurs les louanges dues aux plus magnanimes vertus. Mais ce qu'il a bien vu, ce sont les infortunes dont nous apprenons maintenant qu'il gémissait, les ressources d'une politique trop indifférente sur les droits de la Charte et sur ceux de la conscience, les lois enfin qu'il aurait voulu combattre. Aujourd'hui, ce prince est comme la France : il a une voix dans le conseil. Faudra-t-il régler, avec son auguste père et avec lui, le compte de tous les torts et de toutes les fautes ? Non, sans doute. C'est là un des crimes de tout gouvernement mauvais, qu'il ouvre des plaies destinées à saigner long — temps. Les révolutions seules prétendent tout réparer, et le mot de réaction a été fait pour exprimer cette série d'iniquités nouvelles. Mais un pouvoir habile et sage craint, avant tout, de faire des blessures, au lieu d'en guérir. L'opinion publique, cette reine toujours défiante, jalouse, précipitée, parce qu'elle ne tient pas elle-même le gouvernail, en voyant rester auprès du trône les ministres qu'elle accuse, se plaindra sans cesse de ce que la justice et la France sont sacrifiées à leurs intérêts, à leurs passions. Que les affaires ne soient plus livrées à des hommes d'État, solidaires du passé ; elle saura comprendre et bénir la circonspection royale.

Le goût dominant des dépositaires de l'autorité souveraine a été la destitution. Depuis le garde-chasse du plus obscur village jusqu'à l'illustre pair qui consacrait aux pauvres, aux captifs, au roi, enfin, et à la patrie, les derniers jours de sa noble carrière, il a fallu que tout fléchît devant leur besoin de dominer et de détruire. Des préfets, passés vingt fois au crible épuratoire, n'allaient-ils pas tomber victimes de la faux impitoyable? Cette conception était peu habile pour rendre le nouveau règne cher aux administrateurs et aux sujets. Grâce à Dieu! le magistrat intègre, le vieux soldat, tous les serviteurs de la couronne ont désormais un défenseur officieux dans le conseil. Ils y ont aussi un juge, trop actif pour qu'on puisse égarer sa sagesse. Les chefs divers de l'administration française reprendront de la dignité. Il y aura de la sécurité pour les existences, de la fixité dans les positions. Le pays sera gouverné. Mais quels liens de confiance uniront les subordonnés à des supérieurs qu'ils sauront ennemis et impuissans? Le commandement n'en souffrira-t-il pas aussi bien que l'obéissance, et n'arrivera-t-il point que telle rivière soit privée du pont qui lui était promis, que telle école voyage, au prix de quelques millions, d'un bout de la France à l'autre, parce qu'un nom propre aura résisté aux capricieuses animosités du ministère?

Nous voyons déjà que, lorsqu'on ne peut renverser les grandes existences, on se dédommage de cette défaite sur les petites. On cherche quelque vieillard septuagénaire, quelque savant (1) qui n'ait pas jugé le mérite d'après les circulaires d'un commis; car tout le monde faisait des circulaires; et on signale les débuts du second règne de la restauration en ravissant à ses travaux, dont l'Europe est remplie, le modeste prix que la restauration et vingt années de vicissitudes avaient justement respecté. Le ministère ne semble-t-il pas s'affliger de ne voir en France de mécontent que soi-même? On dirait qu'il lui faut des compagnons d'infortune, et que, n'en trouvant pas dans ce pays ivre d'espoir, il prend le parti d'en faire?

Ne nous le dissimulons pas : quelque vertu que vous supposiez à des hommes, ils feront mal le bien qu'ils improuvent. Le télégraphe, d'ordinaire si agile, omet cette fois de porter à nos provinces la condamnation de la censure. La condamnation de la liberté de la presse avait volé aux deux extrémités de la France. Ainsi Lyon, Bordeaux, Strasbourg auront gémi, trois jours plus tôt, des derniers sacrifices arrachés à Louis XVIII, et béni, trois jours plus tard, les premiers bienfaits de Charles X. Est-ce négligence? voilà justement la preuve de ce que nous venons de dire. Est-ce calcul? quelle vengeance! quel triomphe!

En ceci, nous n'accusons pas les ministres. Il est dans la nature humaine qu'on soit rebelle aux

____

(1) M. Legendre, de l'Académie des sciences.

libertés dont on médita la ruine, qu'on se heurte à tout propos contre les hommes dont on souhaita la chute. Enlacés dans leurs engagemens des dernières années, esclaves involontaires de leurs longues fautes, ils ne pourront jamais bien conseiller et ne réussiront pas à bien obéir. Malgré eux-mêmes, ils chercheront des appuis au système inquisitorial et vexatoire qui s'écroule. Pourraient-ils repousser les prétentions, les espérances qui se rallieraient à eux, qui les prendraient pour point d'appui? qu'il survienne des demandes exagérées, que cette chambre, à la fois vieille de souvenirs et jeune d'expérience, s'égare dans des systèmes désastreux; se hâteront-ils de l'éclairer ou de la retenir, quand ces combinaisons nouvelles leur offriraient la double chance d'être nécessaires à la couronne pour tempérer les excès, et aux partis pour les diriger? Non! ils ne le feront pas; car ils sont hommes, et tous les torts, tous les périls de l'avenir deviendront leur ouvrage.

Ou toutes ces considérations sont erronées, ou nous oserions affirmer que déjà on a dû inquiéter le roi sur le danger d'obtenir l'amour public, et attaquer ses sentimens généreux au nom de la religion même qui les commande. Avons-nous deviné juste? nous avons raison sur tout le reste.

Peut-être même, enhardis par l'exemple de l'Allemagne, aura-t-on montré, dans le lointain, la Sainte-Alliance prête à s'armer contre des desseins magnanimes? Il est facile de concevoir que ceux, qui ne peuvent se réjouir de nos joies, aillent se consoler au milieu de douleurs étrangères. Mais Charles X est destiné à nous rendre ce Charles-le-Sage, qui sut pacifier son peuple au-dedans et le faire respecter au-dehors. Il est d'une race, noble parmi les maisons royales; il se sent digne de guider l'Europe ; et, comme le disait son aïeul Louis XIV, « nos princes font quelquefois » leur volonté chez les autres et toujours chez soi. » Nous voilà aux appels à l'étranger! Le ministère y prélude par les correspondances privées. Pouvait-il se débattre dans une position plus fausse? Pouvait-il être mieux en désaccord avec tous les intérêts, ceux du roi, ceux du pays? Cependant, la première loi des monarchies représentatives est que le ministère apporte des forces à la couronne, qu'il marche à la tête d'un système puissant. Wigh ou tory, quand on l'attaque, tout un ordre de combinaisons politiques doit être ébranlé. Cette condition est-elle remplie? Quel intérêt les ministres peuvent-ils prétendre qu'on menace en eux? Serait-ce la royauté? Non. La révolution l'a montrée indispensable; Louis XVIII, bienfaisante; Charles X, populaire. Eux-mêmes n'auraient pu la compromettre dans le respect des peuples, et encore moins dans leur obéissance. L'aristocratie? elle les repousse. La France nouvelle? elle n'a rien de commun avec eux; elle ne peut que les redouter. La magistrature enfin, la paix publique, la morale, la Charte? leurs flatteurs se gardent d'appeler de tels noms à leur défense. De qui sont-ils donc les mandataires? Quel appui portent-ils au trône? Étrange destinée que celle d'un pouvoir qui n'a de défenseurs qu'en les achetant, et ne peut tout au plus opposer à ses antagonistes que quelque injure grossière, si toutefois il trouve une plume qui veuille l'écrire ou qui l'ose!

Le Conseil doit être placé au-devant du trône comme une sorte de bouclier sur lequel frappent tous les traits de l'opinion mécontente. Ici, au contraire, il faudrait que le manteau royal s'étendît sur le ministère pour le protéger contre tous les souvenirs, tous les soupçons, toutes les inimitiés. Il faudrait que le monarque fût constitutionnel, populaire, généreux, respecté à sa place. Les rôles sont intervertis. Au lieu de la responsabilité des ministres, nous inscrirons dans nos codes la responsabilité des rois! Ne voit-on pas, en effet, chaque jour, les interprètes du ministère contester à Charles X le bien qui s'accomplit, et imputer à Louis XVIII tout le mal qui a pu s'opérer? Voilà les jugemens de l'antique Egypte rétablis, en dépit de nos mœurs et de nos lois! Mais là du moins, ce n'était pas les serviteurs du prince qui, en présence de son cercueil, se portaient pour ses accusateurs!

Qu'oppose-t-on à toutes les considérations que nous venons de retracer? L'habileté du ministère? son délaissement profond réfute de reste cet éloge. La nécessité de lui laisser accomplir ses grands desseins? mais ou ce sont des plans nouveaux, et alors d'autres mains peuvent en rassembler les élémens, ou il veut obtenir gain de cause à son ancien système, et d'autres dépositaires de la fortune publique n'attacheraient pas à des projets de réparation des formes spoliatrices. Ils ne chargeraient pas l'avenir d'une dette d'un milliard pour avoir le plaisir de mettre aussi des fictions dans nos lois de finances. Enfin, ils ne feraient pas d'un gage de réconciliation et de stabilité, un élément de détresse et de discorde.

On a eu soin d'insinuer à la France, par l'entremise des feuilles étrangères, que des liens mystérieux attachaient le ministère à la cour. La France a connu ces graves secrets d'Etat, et s'est indignée. Quoi! s'il est vrai que la liste civile soit grevée de dettes considérables, témoignages ou de la bienfaisance infinie du feu roi, ou de la gestion coupable de ses ministres, est-il besoin de sourdes combinaisons pour libérer la couronne? Nous connaissons un talisman plus sûr, c'est l'honneur français. On n'est plus à ces anciens temps, où les rois étaient obligés de livrer le drap mortuaire de leur prédécesseur à un créancier avide. Le gouvernement représentatif est un gouvernement de loyauté en même temps que d'opulence. Que Charles X nous parle : nos trésors sont à lui aussi bien que nos vies. Nous mettrons dans un bassin les titres du dernier règne à notre reconnaissance, dans l'autre des millions sans compter. La Charte emportera toujours la balance.

En désespoir de cause, on s'écrie que le maintien des ministres du feu roi est un hommage dû à sa mémoire. Mais s'il était vrai que les conseillers du trône eussent exploité les douleurs de la France au profit de leurs affections et de leurs inimitiés, qu'ils eussent soulevé la main à demi-glacée de leur roi pour arracher de lui, parmi les ombres de sa longue agonie, les sévices que son cœur avait repoussées quand ce cœur magnanime était chaud encore, auraient-ils le droit d'invoquer son nom sacré pour leur défense ? Charles ne devrait-il pas à son frère justice de ceux qui profanèrent à la fois le linceul et le diadème ?

Arrêtons-nous : que pourrions-nous dire de plus, pour démontrer au ministère que tout demande son abdication, et le règne qui n'est plus et le règne qui commence ! Qu'il abdique! fonctionnaires las de servitude, citoyens fatigués de discordes et de scandales, peuple, grands, tout respirera, comme si la patrie même était affranchie d'un fardeau, l'avenir dégagé d'un péril, le roi et la France débarrassés d'un obstacle. Qu'il abdique! car faire mal est la seule chose qui soit en sa puissance.

- Reste une dernière objection, la difficulté de nouveaux choix; ou plutôt ce n'est pas une objection, c'est une raillerie.

Le Spartiate était plus modeste. Il ne doutait pas qu'on ne pût trouver des citoyens plus considérables que lui. La France vaut Sparte. Nous avons nombre d'hommes d'Etat éprouvés et d'orateurs habiles; les grands noms ne nous manquent pas, depuis ceux que l'histoire a consacrés jusqu'à ceux qu'elle attend, depuis ces magistrats dont la France révère les vertus jusqu'à ces capitaines que l'Europe apprit à respecter, que Charles X veut désormais voir tous les jours, parce que, Bourbon et Français, il a de bonnes raisons pour aimer la gloire.

Peut-être même à la place de ces directions-générales de famille, qui n'ont servi, depuis quelque temps, qu'à mettre en lumière la médiocrité docile et à enfouir le talent redouté, serait-il bien d'instituer, comme en Angleterre, de nouveaux portefeuilles pour rassembler près du monarque plus de' grandes renommées. Alors, les peuples auraient plaisir à regarder en haut. Tout serait à sa place au-dessus d'eux. Un bon roi sur le trône; un autre duc de Bourgogne sur les degrés; plus loin un ministère réunissant toutes les illustrations de talens et de vertus, chaque poste serait au plus digne. Nous serions orgueilleux d'obéir.

On demande dans quels rangs seraient choisis les nouveaux guides? Il est permis de l'augurer : dans tous.

CONCLUSION.

IMPÉRISSABLE comme la société même, la royauté a pour instrument un pouvoir ministériel, mobile comme l'opinion, combinaison admirable qui concilie ces deux besoins des Etats, le changement et la durée.

Le ministère doit toujours répondre à la disposition générale des esprits. Quelle est la nôtre? L'enchantement des débuts du nouveau règne et le rapprochement des partis.

L'ancien ministère ne peut jouir, comme nous, de débuts qui le dépouillent et le condamnent. Il ne peut s'associer à une réconciliation qui le perd; car il s'offre à tout le monde tel qu'une grande hostilité; comme le roi, il a réussi à tout mettre d'accord : seulement ce n'est pas de la même manière.

Les opinions divergentes n'ont d'animosité que contre lui seul; elles se résigneront à siéger ensemble sur les marches du trône : non pas que chacune ne voulût y être placée seule; mais chacune sent que le partage est sa meilleure chance de succès. Un parti tremble que l'avenir lui échappe. Un autre a vu le présent se tourner contre lui. Tous deux s'inclinent devant un sceptre tutélaire et sollicitent la seule alliance qui pût leur donner des forces décisives. Mais il ne convient pas à la royauté que nous soyons divisés en vainqueurs et vaincus.

Elle est affranchie des entraves, aussi bien que des
périls de sa renaissance. Elle se meut, avec une
haute indépendance, dans sa sphère constitutionnelle, et ne sera plus entraînée. C'est elle qui
montrera le chemin. Le roi dira, avec un de ses
prédécesseurs : *Qui m'aime;* il pourrait dire : *Qui
me craint, me suive.* Tout suivra.

On suivra surtout d'un commun accord, si on
aperçoit, près du trône, des défenseurs de tous
les droits, des représentans de tous les intérêts,
des hommes qui, offrant des garanties aux situations diverses, aient en même temps des titres,
non plus à l'animadversion, mais à l'estime
de tous.

Les dissensions intérieures du conseil éclaire-
raient sa marche sans la troubler; une voix auguste
les terminerait en faisant pencher la balance du
côté de la raison et de la justice.

Sous l'empire de cette combinaison, la Chambre
des députés, dont l'ancien ministère s'effraie,
parce que tout l'alarme, cesse d'être redoutable.
En omettant les seize voix qui représentent la
France de la révolution et la France du 5 sep-
tembre, cette assemblée se compose de deux
fractions : l'une qui combat un homme plus qu'elle
ne prétend imposer un système; l'autre qui suit
le pouvoir plus qu'elle n'aime un homme. La
première serait satisfaite d'être-délivrée d'ennemis personnels. La seconde se consolerait d'avoir
perdu son ancien chef, en le voyant, sans doute,

briller à la Chambre des pairs. Toutes deux appartiennent au roi. Elles céderaient à l'impulsion qu'il aurait donnée ; car elles savent que le roi peut, d'un seul mot, les briser.

Le chancelier de l'Hôpital avait conçu un semblable système pour mettre un terme aux discordes de son temps. Mais il avait affaire à des factions jeunes et puissantes. Il institua une lice, ouverte à tous les amours-propres et à toutes les haines. Enfin, il parlait de conciliation à des sectes, et de justice, de loyauté à Catherine de Médicis. Il ne parvint qu'à ralentir l'ardeur des guerres civiles, mais ne put les étouffer. Long-temps plus tard, un roi bon et sage reprit l'œuvre de ce grand homme et l'accomplit.

Rien n'est facile comme de trouver des cordes qui résonnent dans tous les cœurs français. Napoléon, avec le mot de gloire, sut tout soumettre à sa fortune. Charles X a recours aux bonnes paroles et aux bonnes manières ; il promet d'y ajouter de bonnes lois. Nous aurons ainsi concorde, richesses, liberté. Qu'il fasse un signe : à tous ces biens nous joindrons la gloire.

Ce serait une erreur de penser que la monarchie constitutionnelle repousse les administrations mixtes. L'Angleterre en a offert plusieurs exemples ; et cependant l'Angleterre est partagée en hiérarchies distinctes ; une part fixe est faite à la liberté, à la couronne. Parmi nous, l'ordre social présente un tout sans parties séparées ; et l'ordre politique n'est pas constitué. Loin d'avoir à défendre les franchises nationales contre les empiétemens du premier des pouvoirs, nous n'avons pas même à les conquérir sur ses résistances : il faut les obtenir de sa loyauté, les régler de concert avec sa sagesse. Quand ce grand ouvrage sera terminé, nous pourrons prendre nos rôles, et nous distribuer systématiquement en défenseurs de la glorieuse cause des libertés publiques, en champions des prérogatives nécessaires de la royauté.

Charles X discutera ces graves intérêts avec nous en père de famille plus qu'en roi. Son prédécesseur a posé dans la Charte toutes les bases. Il complètera ce bel édifice par les établissemens qui feront passer le système représentatif dans nos mœurs, associeront toutes les générations à ses travaux, toutes les localités à ses bienfaits. Comment le soin d'animer ce vaste corps, de lui donner le jeu et la vie, pourrait-il être confié à qui ne sut, en trois ans, fonder que le sommeil de la septennalité, que le silence de la censure ?

Le roi sait à quoi s'en tenir sur les déclamations insensées dont la civilisation était l'objet naguère. Il vit la France, avec une civilisation inégale, renverser le trône du premier de ses frères; il l'a vue, généralement instruite et riche, incliner la tête, avec un respect religieux, devant le char funèbre du second. Une contrée voisine achève de lui apprendre, par d'affreux exemples, quels destins l'ignorance et la pauvreté réservent aux empires. Il sait que si les lumières et les richesses, concentrées, peuvent dissoudre tous les liens de la morale et tous ceux de l'obéissance, mieux réparties, elles affermissent l'une et l'autre. Avec de tels principes, que faire de ce ministre qui a respecté les maisons de jeu, mais renversé les écoles, qui a tout proscrit, l'enseignement primaire comme le génie, les lettres comme les sciences? C'est un homme d'État à renvoyer aux premiers califes.

Charles X règnera par les lettres, par les mœurs, par les lois; car il aime la France et ne craint pas la liberté! Mais avant de diriger ses méditations sur les lacunes de notre code politique, il tournera ses regards sur une scène qui fixe tristement l'attention du monde. Le spectacle de l'Espagne fait frémir. Cette multitude altérée de carnage; ces moines qui se servent du crucifix pour assassiner; ces grands, dépouillés et bannis; ces ministres qui, au sortir du cabinet de leur maître, tombent dans les cachots qu'eux-mêmes ont creusés; ce roi, qu'un désert entoure, qui lance la foudre d'une main au parti dont il a triomphé, et de l'autre détourne avec peine, de sa poitrine, les poignards du parti qu'il couronne; enfin une société dissoute, une anarchie consacrée, tout ce chaos sanglant appelle un bras ferme et sage qui y porte de l'ordre, de la lumière. Il y va de l'honneur de la France, il y va de sa sûreté. Comment les mains qui ont ouvert cette grande plaie, qui l'ont regardée s'envenimer, un an, sans y porter remède, feraient-elles pour la guérir?

L'Amérique verra se fixer ses destins. Une administration nouvelle ne sera pas engagée dans de fausses voies ; elle ne sera point dans l'alternative de faire des pas rétrogrades ou d'aller en avant tête baissée. Elle songera à notre commerce , à notre industrie, et, ne fût-ce que pour ne pas seconder la politique jalouse de l'une de nos rivales par la dispersion de nos richesses, des autres par la dispersion de nos forces, elle évitera d'aller creuser , au bout du monde, un second abîme pour nos trésors, un second sépulcre pour nos soldats.

Après avoir vu au temps de l'ancienne monarchie, plus d'un prince français du nom de Charles, tourner vers ses rivages un œil protecteur, la Grèce, dont les succès, dont les souffrances même consolent l'humanité, la Grèce qui sait admirablement combattre et mourir, trouvera enfin dans l'univers Chrétien et civilisé, une main généreuse pour protéger contre la fureur des barbares tout ce qu'ils lui ont laissé : ses ruines, ses tombeaux. Le monde prendra ainsi sa part de nos prospérités.... Mais, pourquoi nous égarer dans la recherche des biens que recèle l'avenir? Nous savons, par la manière dont Charles X a compris sa mission jusqu'à ce jour, qu'il tentera tout pour remplir le mandat de la restauration, un mandat d'honneur, de justice, de vérité, d'ordre légal, celui dont les développemens ont, depuis cent trente années, fait de la Grande - Bretagne la contrée la plus opulente et la plus tranquille, aussi bien que la plus libre de la terre.

Jouissons des beaux momens qui s'écoulent. C'est une douce chose que d'aimer le prince qui nous est donné par la Providence, de l'entendre bénir, de voir de nouveaux nœuds se former entre nous et la dynastie qui doit régner sur nos neveux. Nous savons maintenant que nous pouvons nous reposer sur elle avec confiance des prospérités du lendemain. Ce sentiment, la France le connaît et l'épuise. Attendons avec respect que le roi et le temps accomplissent les vœux que nous formons pour le bonheur de notre patrie. Nous savons que le temps est à nous, et nos cœurs nous le disent plus haut encore que nos lois : « Le roi ne peut mal faire. »

FIN

www.ingramcontent.com/pod-product-compliance
Lightning Source LLC
Chambersburg PA
CBHW061622060726
47597CB00005B/1757